지적도에도 없는 섬 하나

지적도에도 없는 섬 하나

조남훈 시집

도서출판 경남

경남시인선●123

지적도에도 없는 섬 하나
조남훈 시집

초판 인쇄 | 2008년 10월 10일
초판 발행 | 2008년 10월 15일

지은이 | 조 남 훈
펴낸이 | 오 하 룡
펴낸곳 | 도서출판 경남
631-430 마산시 서성동 66-18
☎(055) 245-8818~8819
FAX(055)223-4343
http://www.gnbook.com
블로그 : http://gnbook.tistory.com
이메일 : gnbook@empal.com
등록 제2호(1985. 5. 6.)
편집팀 | 오태민 | 심경애 | 구도희

ISBN 978-89-7675-521-6-04810
〔값 8,000원〕

● 시인의 말

허공의 길도 높고 낮은 곳이 있는가
고추잠자리 떼지어 날아와
출렁출렁 그늘을 내린다
들녘의 벼 익는 향기 황홀하고,
뒤안으로 흐르는 동천 샛강엔
손녀의 글씨처럼
삐뚤삐뚤 줄도 맞추지 못하고
들국은 피어 먼 그리움 불러내는 가을날에

2008년 10월

| 차 | 례 |

제1부

제2부

제3부

제4부

제5부

제1부

가을 햇살

내 친구는 칠푼이 농사꾼이지만
가을 햇살은 쌀알이라고
쌀알은 가을 햇살이라며
풀물 든 손으로 칠흑의 밤을 저으며
추적추적 비가 내리는 밤 한숨 짓는다
쾌청한 가을 햇살을 기다리고 기다린다

가을 햇살은
입추 지나 처서 지나 백로로 가고
산비탈 고추밭에 새들은 날아와
고추보다 더 매운 눈물을 쏟아낸다

추곡수매가를 걱정하는 친구의 처진 어깨를 쓰담는
쌀알 같은 가을 햇살

해가 기울자
딸애 혼삿날이 성큼 다가선다

가시연꽃

–우포늪에서

가시연꽃이 두 손으로
더운 밥 한 그릇 공양하는
가슴이 따뜻한 그 마을

밥 한 그릇 공양할 양으로
불티 펄펄 날리며
밥 짓는 연꽃향이 자욱하다

가시연꽃이 눈물을 감추고
한 생을 두고 경 읽는
마을은 열반에 들고

가시연꽃이 핀 우포엔
새들의 숟가락 부딪는 소리 뜨거웠다

은행잎

지상으로 내려와
낯선 길을 간다
밟히고 밟혀도
빛을 잃지 않는
황금빛 물살
가을 길 재촉하는
노오란 아침햇살

현충일

태극기 세 개가 펄럭입니다
씨발 씨발 씨발
욕질하며 펄럭입니다
오늘은 현충일
겨우 태극기 세 개만
아파트 창가에 달랑
씨발 씨발 씨발
펄럭입니다

푸른 봄날

푸른 나무 한 그루
연초록 눈썹을 덧붙여
이 층 창문을 기웃거린다

긴 겨울, 내 살 속에 묻어둔 꽃씨 하나를 위하여
비워둔 자리마다 햇살은 해일처럼 밀려오고
창밖으로 새들의 노래 푸르게 부서져 내릴 때
제 허리에 감겨 있는 흰구름 한자락 끌고
먼 산이 새치를 뽑으며 맨발로 달려온다

땅을 쪼개고 살을 찢어
아프고도 뜨겁게 온몸으로 부딪히는
언 땅에 귀를 꽂고
푸른 영혼 퍼 올린다

푸르게 목청 틔운
보리밭 이랑보다 더 긴 기차가
강물을 만나기 위해 달려가는 시냇물 위로
보리밭보다 더 푸른 봄을 가득 싣고
달려간다

해장국을 먹으며

기쁨과 슬픔이
술로 익어 숙취로 남는 날
평생을 해도 익숙하지 못한 숟가락질로
이승의 정겨움을 삭이는
청진동 해장국 한 그릇
이승 떠나 저승에서
이 맛 그리워지거나
이 집 주인 인정이 그리워지면
나 달빛으로라도 찾아와
후르륵 한 그릇 비우고 가리

간이역簡易驛

그녀의 눈빛 속에 기차는 가고

세월은 나를 스쳐가고

수박을 가르며

달게 익은
깊이를 모르는 그리움

적막의 안쪽은 황홀하다

눈(雪) 소식

그녀가 사는 마을에도
첫눈이 오고 있는지

그녀가 사는 마을에
첫눈이 오면

내 귓속에도
첫눈은 쌓이리

빗소리

FM라디오 음악을 듣다보니 문득 비가 온다

풍경을 덮다가
감나무 잎사귀에 떨어지는
빗소리

꼭 한 번 안부를 듣고 싶던
그녀 옷 젖는 소리
마냥 듣고 있다

아지랑이

비명도 없이
몸부림치며
달아오르는
아지랑이.

유채밭 위로
날아오르며
새 떼들이
쏟는 빈혈

하현달

아내의 입술이
내 잠을 물고
살아 있는 자의 뜨거운 눈물을 적시며
등 굽은 하현달로 떠 있다

밤은 순명으로 깊어만 가고

순이順伊
–목련꽃 핀 아침

이른 새벽
백목련 가지 끝에
무인카메라가 번쩍번쩍

내
그리움의 불씨를 높이 들고

아득한 기억 속으로 달려오는
순이順伊 얼굴

폭포석

돌 속에도 꽃이 피고 지는 사계가 있다
온 세상 신열을 다 앓고 있는 돌 하나
열길 절벽에 그리움을 걸쳐 놓고
꿈속으로 뛰어내리는 물줄기
밤마다 쿵쿵대며 솟구치는 물기둥
돌 속에 박혀 있는 지울 수 없는 서러움 한 줄기

연

어느 기도가 저리도 간절했을까

새들이 비질한 허공을 더듬어
당기며 풀며
길을 내는
물레가 운다

저 팽팽한 갈증

내 살 속에 충전되는
그대의 기도

코스모스

입추 지나 처서 지나 언덕길 돌아
그리움의 그리움에 기대어 흔들리며
반짝이던 그 사람

마지막 눈물 차마 보일 수 없어
시간표도 없는 한적한 간이역
콧날 시큰거리며 하늘거리는 코스모스

어느 장애인의 죽음

무심한 하늘마저 울게 하는
청각장애인의 자살 보도
파란 물이 번지는 삼월이건만
눈앞이 깜깜하고 세상은 온통 먹빛이다

벌금 칠십만 원, 사글세 삼십만 원, 불법노점 소환장
그 무게에 겨워
이 땅 어디에도 출구가 없었는지
삶의 끈을 놓아버렸다

일생을 꽃잎 불길 속에 던져
마지막 서러운 이름마저 태우고 가지만
퍼내도 이내 차오르는
술잔 가득 넘쳐흐르는 투명한 슬픔

파릇파릇 새싹 돋는
꽃바람 불면 지워지려나

봄 눈

누가 하얀 도화지를 운동장 가득 펼쳐놓았니
측백나무 울타리에 앉은 굴뚝새도 하얗다
개나리 빈가지에 까르르 웃음이 굴러 내리고
교장선생님 맑은 눈빛 되찾은 안경 너머로
무더기로 쏟아진 은빛아침이 눈부시고
기차는 눈발을 헤치며 황급히 달려갔다
대지는 속살 깊은 기억의 뿌리를 간추려
희망의 푸른 새봄을 솟구치게 할 것이다
날아오르는 새들의 날갯짓에 햇살 퍼지고
개나리 진달래 가지마다 푸른 피가 얼비친다

꽃이 진다

버린 약속에도
향기는 남아
멀미하는 봄날

제 웃음 잠그며
사랑을 잠그며
꽃이 진다.

등불 밝혀
다짐한 언약
그리움의 불씨로 날고

자목련

어느덧 봄날도 한가운데
하늘거리는 꽃그늘 사이로
풀씨마냥 움돋는 그리움으로
걸어놓은 보랏빛 지등 하나
곱게곱게 바람결로 풀리어
그리운 사람 곁으로 흘러갑니다

쑥 차

쑥잎 한 잎 띄워놓고
마른 추억 우러내며
혀끝으로 번져오는
더 풀릴 말이 남아 있는지
또 찻물 따르네

고향 냄새

찔레꽃이 밥물처럼 끓어 넘치고
밀보리 누렇게 익어가는 언덕
뻐구기 울음 밀밭으로 흘러들고
감자밭 하얀 웃음 자줏빛 웃음
마을의 굴뚝마다 푸르게 감아 넘어지는
감자 찌는 냄새, 고향 냄새

제2부

나 비

영혼까지 맑게 씻고,
사월 초파일
내 잠의 꿈속에
나비가 난다.
삼세를 넘나드는
부처님의 환한 미소

기러기

휘파람 불어
구름 쓸고
아픈 이별마다
별의 눈물자국
날갯짓으로
닦고 지우는
새벽 꿈속으로
기러기 나는 소리

폭 설

아 아 폭설이다
애써 기억해 놓은 이름마저 지워버리며
은빛 시간 속에 푹 잠겨 있다
세상은 흰 눈의 세례 속에 잠기어 가고
맨발로 끝없이 고통을 견디는 강물만
내 가난한 기도 속을 관통하고 있다
눈은 쌓여 마을로 가는 길 처마 끝에 닿고
굴뚝마다 푸른 연기 안부를 쿨럭인다
깨물어 비명까지 삼키고 싶은 눈송이
내 몸 어디선가 그리움의 눈사태가 일고
뼈 속에 그리움의 징소리
아 아 폭설이다

무당벌레

윤상운 시인의 시집 속 무당벌레가
저녁놀 속으로 걸어간다
지상에서의 마지막 뉘우침으로
몸에 박힌 죄의 문신을 지우려
몸을 뒤집고 바둥거린다
하얗게 말라붙는 바람 자국만 남겨놓는
허우적허우적 용쓰는 모습
문득 내기를 건다
과연 죄를 지우는 일이 가능할지말지

까치밥

구름의 꽃동네 낮은 돌담길 따라
눈물 고인 가슴 다 풀어 헤치고
대낮부터 동구 밖 길 밝히는 등불
마을에 귀한 손님 오시려나 봅니다
따스한 등불 하나 문간에 걸어놓고
그리움의 과녁으로 흔들리는 까치집
그 많은 세월의 기다림 속으로
이 가을 놓친 마지막 눈물 한 방울
까치 소리 맑고 투명하게 날아갑니다

사랑주의보

꽃 피어 밖으로 불러내는
환한 봄날
그대 눈빛 속
출렁이는 화엄의 꽃바다
지금, 보문단지에
내 몸뚱이를 휘감는
해일이 밀려온다
사랑주의보가 내렸다

십자가

고상을 걸기 위해
망치가 못을 박는다
못에 실린 망치의
보이지 않는 전능
그리스도여
당신의 피로 번지는
"통곡의 벽"
소리를 듣습니다

진달래

산비알에 벗어놓은 그리스도의 수의
봄비 젖어 선홍의 핏방울 내비친다
영취산 산비알이 바알갛도록 번지고
한 생을 끌고 온 길에도 피가 젖어 있다

어두운 하늘을 받쳐 든 마른가지 깊은 상처마다
부활을 알리는 선홍의 핏방울 솟는다
말씀으로 씻기지 않는 죄 때문에
종소리 맑게 피로 씻어 듣는다

술의 유혹이

술의 유혹이 커질 때 비가 내렸다
비의 고요한 숨소리가 술로 익어가고
울적한 상처를 불러내어 술을 권하면
술은 내가 마시고 빗소리는 취한다
세상의 슬픔이란 슬픔 모두 달려와
비에 젖는 세상을 바라보지만
기억해 낸 이름들은 우산도 없이
빗줄기로 달려온다
술의 유혹이 커질 때 비가 내렸다

지적도에도 없는 섬 하나

껴안은 나무들의
팔을 풀어놓고
새벽 강을 건너던
아련한 젊은 날
도란도란 귀엣말
이슬 젖은 그리움
맨발로 찍어 남긴
그리움의 멍울은
모래톱에 쌓여
지적도에도 없는
섬으로 태어났다

여자가 연을 날릴 때
–안은주 작품 '연' 앞에서

오늘밤 하늘엔
별 하나 유난히 반짝일 것이다

그대, 침묵을 갈고 닦은 바늘
한뜸 한뜸 생의 인연을 수놓았나니

연은 자유롭게 교감하며 떠있다
지상에서 하늘로 하늘에서 지상으로

오늘 우리가 연줄 끝에 묶여 있듯이
태초에 우리 꿈길도 하나였으리

오늘밤 하늘엔
그대 꿈의 발자국 선명할 것이다

보리밭

내 꿈의 꿈 속
어슴프레한 날들
불 밝히며
초록 촛불 물결진다

문득, 배고픔으로
어룽대는 보릿고개
눈에 밟히는
유년의 한나절

나무가 웃는다

달빛 인기척을 앞세워 낙엽이 구른다
어쩌다 사는 일 눈물겨워 만추도 놓치고
이제사 베갯머리 하얗게 쌓이는 낙엽
누가 저 낙엽의 발걸음을 붙들어 잠재우나
담장을 넘어 삼경을 넘어
낙엽 따라 가고 싶은 것일까
먼 겨울의 이정표를 뿌리며
빈 가지 흔들며 나무가 웃는다

그 말〔言〕

그대와 만나
말 버리고 나면
할 말이 없네

아직도 버릴 수 없어
단단히 움켜 쥔
그 말 한 마디

석 류

지상으로 소풍 온
별이 몇 개

돌아갈 시간을 잃어버린 채
등불을 켜놓고
그대 잠 속을 밝히는

지상으로 소풍 온
별이 몇 개

동짓밤

동짓밤은 깊어
기다려지는 사람

동짓밤은 얼어
늘 초저녁이다

꿈길도 추워
오지 못하나보다

등피 가득 채워
불 밝혀놓는다

찔레꽃 · 2

아지랑이 쟁쟁거리는 봄날
싸리꽃 피면 볍씨 담그고
찔레꽃 피면 모내라 하시던 할아버지
회초리로도 깨우치지 못한 그 말씀

논두렁밭두렁 당신 이승의 길섶마다
싸리꽃은 피었다 지고
찔레꽃은 또 하얗게 피어서
따뜻하게 길을 덮고

해는 질가말까 주춤거렸고
슬픔의 무게로 불어나는 찔레꽃
논두렁밭두렁 밟고 간 봄비 발자국
못물로 모여들어 푸르게 빛났다

골백번의 회초리보다
단 한 번으로도 넉넉한 가르침이셨다
뉘우침만한 밑거름이 어디 있으랴
늦기 전에 서둘러 모를 내야 하리

월드컵 축구를 보며
–2006. 6. 24

오! 누가 승패를 탓하리

밤하늘 빙그레 자리를 푼 별들을 보며
전파로 날아드는 공을 추적하는 새벽
바알갛게 달아오르는 가슴으로
태극전사들의 춤사위에
추임새를 불어 넣을 때
별들은 일제히 폭죽을 터뜨렸다
밤을 지새우고도 싱싱한 가슴으로
해를 하나씩 안고 일터로 갈 때
모두는 하나였고
하나는 모두였다
집 울타리 환히 밝히는 함성
수천만 촉광으로 핀 장미꽃

오! 누가 승패를 탓하리

별은 못자국이다

밤하늘에 총총한
저 많은 별이
못자국이라면
몇 분의 그리스도가
십자가에 못 박혔을까
별이 돋아난다
오늘은, 또
몇 분의 그리스도가
십자가에 못 박히고
부활할 것인가

봄 빛

봄빛은
들녘을 품으려
아지랑이로 몰려다니고

나는 봄빛을 쬐려
몸 뒤집힌 무당벌레처럼
버둥대고

첫 눈

저 사내가 더 당겨보고 싶은 곳은 어디인가
오백 원짜리 주화를 밀어 넣고 또 밀어 넣고
사정없이 당겨보는 북녘 땅은 그토록 먼 곳인가
방금 넣은 주화 속의 학이 훨훨 날며 부서진다
망원경을 당겨보는 사내의 흰 머리카락도
첫눈인 듯 하얗게 하얗게 부서져 내렸다.

망초꽃

어디서 피고 진들 꽃의 한생 아니랴
울 엄니 웃을 때 흰 이에 반짝이던 햇살
다랑이 논밭길 물살로 번지는 망초꽃
스치는 바람에도 눈물 글썽이던
슬픔이란 슬픔 다 받아낸 울 엄니 한생
이빨 빠진 대접에 찬밥 말아먹으며
숨어서 죄 없이 울던 그 모습
휴경논에 가득한 망초꽃
소 한 마리 울 엄니 한생을 밟고 있네
어디서 피고진들 꽃의 한생 아니랴
울 엄니 웃을 때 흰 이에 반짝이던 햇살

구수리九水里에서

생거진천生居鎭川 백곡면 구수리에서는
풀벌레 울음, 새소리 씻지 않고 듣는다
울 엄니 손등 같은
나무 잎새 하나
눈부시게 원을 그리며
바람으로 와 바람으로 떠나는
내 손 잡으려 흘러내리고
풀잎도 고개 들어 손을 내미는
생거진천 백곡면 구수리
씨앗을 떨군 풀잎이듯
울 엄니, 형님 내외 달랑 세 분이
풀벌레울음 새소리 듣고 사신다

제3부

군불을 지피며
– 아버지

하늘이 불타고 있다
어젯밤 비운 별자리를 채우려고
별을 굽고 있는 하늘

숲이 황급히 달려와 아궁이에 눕는다
불질러도 불질러도 타지 않는 질긴 어둠
아버지의 눈물일까

아버지의 눈물을 태운다
불똥으로 별똥으로 몰아치시는
아버지의 회초리

아, 아버지의 빈 자리는 무엇으로 채우나

염 색

아내가 처녀 적 소문을 수소문하듯
흰 머리카락 헤집어 물들이고 있다
어느 하늘 아래 날아드는 휘파람 소리인가
만 리 밖까지 흘러가 한때 교신이 끊겼던 그리움
하늘은 눈물 빛으로 내려와 머릿결을 날린다
한 여인의 삶의 끝이 가만히 지워지고
내 생도 조용히 먹물 빛으로 가라앉는다
물들기를 거부한 머리카락 몇 개
빤히 나를 바라보는 저 실없는 웃음

모닥불

그대, 그리움의 흰 뼈와
내, 그리움의 흰 뼈가
그리움의 목청까지 남김없이 태우는
불꽃은 아름답다

뜨거운 눈빛으로 살아나는
그리움에 그리움으로
가슴 깊이 인화되었다가

우리가 또 우연히 만나서
검은 연기로 감아올리는
전생의 그리움

안개 · 1

밤새 끌려온 해를 담금질하는 물안개가 뽀얗다
이화마을 약수마을 달아난 그곳에
어디선가 떠밀려 온 은빛 파도가 넘실대고
은빛 파도를 밟고 가는 발자국 소리는 따뜻했다
새벽을 끌고 온 차들도 멈칫멈칫 속도를 줄인다
우리의 생도 속도를 줄일 수 없을까
아침 숟가락질도 끝난 지 이미 오래
아침안개는 아직도 고향냄새를 풍기고
암탉이 알을 낳았다고 홰를 치며 울어도
창을 열면 은빛 파도 소리도 없이 밀려든다
그리움 큰 물결 지어 흘러든다

안개 · 2

안개를 한 자루 퍼 담아 메고 가는 동천
십 리 밖 물소리이듯 가물가물 들린다
고향의 풀냄새를 묻혀 와 풀어놓는
안개의 손은 언제나 고향안부로 따뜻하고
눈에 밟히는 고향은 늙을 줄도 모른다
새벽안개 속으로 가는 사람은 그림자도 없고
가슴에 빗금으로 그어졌던 둑길도 지워져
감출 부끄러운 몸뚱아리 없어도
생애의 젖은 옷자락 끌리는 그리움 어쩌랴
누군가 외로움의 숨소리 나직이 들려온다

세밑 달력 앞에서

그대, 이별 뒤 안부로
바닥이 드러난 달력

지난날들은 어느 것 하나
울음조차 내 것이 아니어서

나보다 먼저 이별을 익혀
떠날 날들을 서둘러 떠나게 하고

아직도 남겨둔 날들 있어
그대 그리워하기엔 넉넉한 시간

새해엔 사랑으로 만나기 위해, 또
남은 날마저 깨끗이 퍼내야 하리

근황 · 9

아들내외 내 빚 갚는 발자국 되어
새벽 미명의 그늘 밟고 일터로 가는구나
아기 울음 귓가에 쟁쟁 환청으로 쌓여
목련꽃 피는 소리에도
뒤돌아보며 가고 있는 아들내외
가진 것이라곤 빚과 지은 죄밖에 없고
할 수 있는 일이라곤 죄 짓는 일밖에
오늘도 돌도 안 지난 손주놈 탁아소에 맡기고
죄업 쌓으려 가는 발자국 왜 이리 무거운가
아침마다 죄인 줄 알면서 죄를 쌓는 죄
가쁜 숨 몰아쉬며 추락하는 종이비행기처럼
이젠 더 날 하늘도 없고 더 갈 길도 없다
얼굴에 검버섯만 피우다각 돌아오는 길
탁아소에서 안고 나오는 손주놈이 벙긋벙긋
아는 척해 주는 네가 고마워 눈물이 난다
하늘 끝 한꺼번에 저물어 먹물 빛 들어도
네 빛나는 눈빛은 우리에겐 희망이고 내일이다
아직도 갈 길이 먼 길을 묻는 이정표 속으로
기차는 돌아올 기약도 없이 달려가고

우기 · 6

어머니, 구름 위에도 비가 옵니까
이곳은 시간표 없이 비가 옵니다
그리움도 오가는 길이 있다면 다 젖겠죠
어머니, 당신이 살아생전에 쓰시던
살만 남은 지우산 위로
그리움의 이정표를 적시며 비가 옵니다
어머니, 구름 위에도 비가 옵니까

매미 소리

푸른 숲 우듬지에 걸린 그리움 풀어
눈물겹게 내려놓는 저 회한의 소리
한 생의 그림자 그림자 푸르른 날
땅 속에서 한 오년 지상에서 한 열흘
이승에서 누린 시간 은빛 강물이듯 벗어놓는
매미 울음 귀로 받아낸다
어릴 적 울 엄니의 부채질인듯 싱그럽고
꿈 속으로 곤두박질치는 물소린 양 시원하다
울 엄니 눈 감은 이마 위를 스치는 흰구름
울 엄니 생전의 그 여름날 매미 소리 몰고
그 많은 세월은 어디로 흘러갔을까

성묘길

눈 내린 아침
성묘 가는 길
꽃이라면 꺾고 싶은
목화송이 듬성듬성
아직도 온기가 묻어 있는
토끼 발자국
아버지의 흔적이듯
자꾸자꾸 따라가는
성묘 가는 길

선달 그믐날

오늘은 한해를 퍼내고 축내는 선달그믐이다
이어도에서 지는 해를 안방에서 수신 받고
땅끝 마을을 날리며 해를 굴리고
만경 뜰에서도 굴리며 밀어내는 함성 속으로 해가 묻힌다
티브이 속으로 지는 해를 바라본다
강아지 저녁을 챙겨주며
이미 오래 전에 바닥난 희망을 쓸쓸히 지우고 있다
백발이 성성한 머리카락 먹물들이 듯
속고 속이는 법을 익히며 눈물로 묵은 해를 보낸다
지는 해도 서러운지 훌쩍이며 얼굴 묻고 간다
허물 한 겹 벗어던진 어두운 하늘 내려앉고
퍼내고 덜어낸 것들이 한꺼번에 매몰되고 있다
내일이면 피 살아 도는 해는 떠올라
가가호호 찾아다니며
대문 앞에 눈부신 햇살 맑은 소리 부려놓을 것이다
또 한 해가 꼬리 잘린 도마뱀처럼 달아나고

출근길

살아서 출근할 곳이 있다는 건 행운이다

봄빛 아마에 묻은 버스를 기다린다
아파트는 우울한 살갗으로 등 뒤에 서 있고
봄비는 흐린 물 위에 동그라미를 그리며 서성였다
삶만큼이나 얼룩진 때 묻은 버스를 타고 흔들리다가
낡은 삶의 뒤축을 구겨 신고
사방에서 새소리 번쩍이는 관문성 지나
향기를 온통 풀어놓은 풀냄새를 맡으며
맨발로라도 걷고 싶은 출근길이 곧게 뻗어있다

살아서 출근할 곳이 있다는 건 축복이다

근 황

"네 마음 같지 않다고 서운해 마라."
조간신문 오늘의 운세가 짚어준 말이다

늙어가며 서러움은 까닭 없이 하늘 위로 넘쳐서
요즘은 노여움도 자주 오고 크게 덧나 상처도 깊어
간다
내 몸 속에 슬픔이 자라는 소리 들려서일까
주기도문도 암송하고 돋보기 걸치고 성경도 훔친다

설령, 철석 같은 믿음이 믿음으로 깨질지라도
때로는 조간신문 오늘의 운세로 하루를 연다
긴 세월 드나들어 헐거운 가슴 채울 수 없을지라도
그것마저 없다면 세상은 얼마나 삭막할까

기다림은 언제나 푸른 햇살로 해종일 물살지는데
발돋움해도 손닿지 않는 아슬한 거리에서 높이에서
하얗게 빛 바래어가는 꿈의 아득함이여
산다는 것 꿈과 희망을 하나씩 지워가는 것이라지만

닳아빠진 팽이채같이 짧게 감기는 겨울 한나절
"네 마음 같지 않다고 서운해 마라."
그 한마디 꾹꾹 씹고 있다

복권을 사며

복권이 기다림을 만들고
기다림이 복권을 산다
바닥이 훤히 들여다보이는 남은 생을
복권이 일주일 분량만큼 퍼내고 축낸다지만
기다림은 남은 생의 비상식량이다

내 생을 일주일씩 끊어 쥐고 있는 근육이여
객지로 나간 자식은 끝 모르는 기다림이지만
이레마다 꿈길로 찾아오는 발자국 소리
귀 기울이지 않아도 찾아옴을
시내버스 차 삯보다 싼 일천 원으로
몇 백만분의 일도 안 되는 확률을 산다

잃은 것보다 얻는 것이
얻는 것보다 잃는 것이
적고 많음 탓할 일이 아니다

기다림을 베갯머리에 묻어두고 한 이레
꿈의 꿈길로 살찐 돼지 한 마리 몰고 간다

꿈의 꿈결에서 영락없이 묻어나는 기다림을
그대는 아는가
그대는 아는가

복권을 사는 까닭 모를 슬픔에
화살 날아가 꽂히는 저 소리
화살의 비명일까, 기다림의 비명일까
그 비명 울부짖는 아우성을 안고, 지금 나는
복권 판매대 앞에 서 있다

오정가吳鄭家에서

해 돋고 달 뜨는 동산 아랫마을 오하룡 시인 집에서
이순耳順 전후 반백의 검버섯 엷게 핀 잉여촌 동인들
한 덩이씩 달을 안고 사십 년을 거슬러 오른다
정담을 풀어 긷는 자정
달빛 풀리어 아카시아 숲 푸르게 덮인다
우리들 이야기 엿들은 단풍나무, 찔레꽃 넝쿨
어젯밤 많은 잎새 피웠으리
말과 말 사이
세월이 깊어
먼 길 돌아와
귓속에 풀벌레 한 마리 키우는 나이
보청기 끼고, 돋보기 걸치고
충전된 푸른 젊음 삼경으로 흐르고
휴업시인들 재개업을 선언하며 시詩낭송 할 때
시인詩人들 눈빛 속에 풀벌레 울어
문득문득 뉘우치는 일들로 가슴 아팠다
우리 밤새워 벗어놓은 허망의 껍데기 짙은 안개 속
살아서 정다움 숟가락질하는 오정가에
이른 아침 첫 이슬로 부리를 씻는

고운 말 물어 나르는 새들 날아들고설레임과 출렁임의 맑은 눈빛으로
간밤에 핀 쌀풀꽃 하얗게 눈부시다

*오정가 : 오하룡 시인과 부인 정 여사가 살고 있는 집.

지우개

경로우대증 속
할머니의 주름진 얼굴

지우개로도 지울 수 없는
검버섯 핀 얼굴

옛날옛적 사진으로
슬쩍 바꾸어 드릴까

나팔꽃

나팔꽃은
외줄 타고
꿈을 꾼다

나팔꽃의
꿈길은
허공이다

꿈속은
언제나
열길 벼랑

나팔꽃이
꾸는 꿈은
얼마나 무서울까

꿈속에서도
입술 푸른
나팔꽃

운동장

음악 같은 흰 눈송이를
더도 말고 덜도 말고
운동장은 크기만큼 받는다
한없이 넉넉해진 마음으로
겨울방학 끝낸 아이들
발자국 받아낸다

우 산

비 오는 날은
활짝 웃고
비 개이면
뾰루퉁 골 부리는
변덕쟁이 내 친구

단짝친구 가위친구

너와 나는 가위 같은 친구
정겨웁게 껴안고 뒹굴다가
때로는 뾰루퉁 골내며 갈라서지만
금세 미움 도려내는
너와 나는 가위 같은 친구
두 손 꼬옥 잡는
우리는 언제나 단짝 친구

꽃이 웃을 때

담장에 기댄 살구나무
꽃 반 새 반이다

비단이불 펴놓고
꽃과 새 잘도 잔다

간지럼 옮게 비칠 때마다
이빨이 쏙쏙 빠진다

앞니 빠진 내 동생
해실해실 웃는 모습

개구리

우수 경칩 아직도 먼
겨울 한복판
쇠 지렛대 메고 온 사내들
냇가 큰돌 흔들고 뒤집으며
개구리 깊은 잠
건져 올린다
얘들아 얘들아
사람 뱃속에서 헤엄치고
알 까고 울어라
뉘우치고 뉘우칠 때까지

송이버섯의 합창

빗방울 딩동댕 딩동댕 실로폰 소리
하늘에서 꽃밭으로 소풍 오는 날
꽃의 젖꼭지 같은 알록달록 천사님
딩동댕 딩동댕 발 맞추어가는 꽃대궐
꽃밭 꽃들이 손뼉 치는 소리 반짝여
골목 가득 무지개빛 꽃물 번지고
빗방울 인사 딩동댕 딩동댕 정겨워
송이버섯 천사님들 환한 미소 피어요

손녀와 봄맞이

봄바람은 손바닥을 비비며 온다.
바람에 등 떠밀린 나비 떼
하얀 날갯짓이 덮이는 봄날
봄길을 걸어보면 안다
봄바람 옷깃에 스쳐도 꽃물이 든다
먼 훗날 아름다운 상처로 돋아날
손녀의 이마에 얼룩진 꽃물

손녀의 그림 · 3

손녀의 크레파스에서 꽃이 송이송이 풀린다
꽃이 간지러움에 방실방실 웃을 거라며
나비 한 마리 잎새에 슬며시 앉혀놓는다
간지러움이 뼈마디마디 온몸으로 번져가는가
올려놓은 꽃송이마다 자지러지게 웃고 있다
꽃송이 안팎으로 감기는 햇살은 눈부시고
깔깔대는 웃음소리 퍼 담는 하늘은 높고 푸르다
나비 한 마리가 저토록 황홀한 꿈을 꾸게 하다니

하늘바다
–손녀의 바다

반올림 세살배기 내 손녀
늘 귀엽기만 한 해인이는
바다와 하늘이 똑같아 보이는지
하늘바다라 부른다
둥근 달 떠오르자
눈을 반짝이며 발 굴러대며
"할아버지 할아버지, 바다에 달 떴어요"
감포 바다를 눈 속 가득 담아와선
베란다에 걸어 논 손녀의 바다
달은 푸른 방울소리로 파도를 탄다
산수유 열매 같은 별이 돋는 달밤
"할아버지, 달님 갖고 싶어 달님 따줘 응"
달이, 별이 엿들었는지
달은 빙그레 웃기만 하고
별들은 깔깔웃음을 사방에 뿌려댔다

제4부

발자국
–눈 내린 아침

하얀 도화지 위에
콕콕 찍어놓은 손녀의 발자국
햇님이 신고 가는
먼 먼 나들이길
유리구두 한 켤레

조약돌

바닷가에서 손녀가 들고 온
알밤 크기의 조약돌
바다의 귀엣말이
찬란한 일출과 노을로
푸르게 푸르게 번뜩인다
눈비에 젖지 않는
이 밤, 내 귀를 물어뜯는
파도소리를 타고
구르는 돌자갈 소리

손녀와 밥풀

"푸른 밥풀 위로 잠자리 나풀거려요."

밥풀이라니
벼를 보고 밥풀이라니?
손녀와 둘이 걷는 들길

들녘의 푸른 물결
서녘 하늘로 밀려가는
은은한 종소리

한낮에
– 해인이와 강아지

풀빛 고운 하늘에 낮달이 졸고
등꽃 향기에 취한 강아지는
깊은 잠에 빠져들었다

반올림 세살배기 해인이는
풍선 같은 엉덩이로 톡톡 홰를 치며
강아지 귓속에 꼬끼오 꼬끼오를 쏟았다

하품으로 잠을 털며 올려본 하늘에
깔깔대는 꽃밭이 떠 있다
억울한 듯 멍멍 짖어대는 강아지

나팔꽃은 담장을 휘감아 돌아가고
봉숭아꽃은 깔깔대며 제 이빨을 새까맣게 쏟고
붉은 입술로 해인이의 손톱을 깨물고 있다

장닭이 홰를 치며 울고
강아지 하늘 보고 짖어도
깨어나지 않는 잠 하나 어떻게 하나

마산에 가며

할 일 없이 세월을 놓고 있다가
문득 오하룡 시인이 보고 싶어
무작정 마산행 버스에 몸을 얹었다
버스가 달리는 속도만큼
나의 반생은 무심히 스쳐 지나가는데
차창으로 비닐하우스가 뛰어들고
전선줄에 목이 감긴 비명이 덮쳐 왔다
구포에서 승차한 낙동강은
내 이순의 세월을 적시고도
내 젊은 날의 사랑을 깨우며 길게 흘렀다
돌아갈 길 멀어지고 마산은 가까워 오는데
낯선 풍경 비우기를 계속하더니
무임승차한 풍경들 모두 나가버린다
하차하여 길을 묻는 내 앞의 거리는
푸르게 가고파 보고파의 바다로 출렁거렸다
개나리동산 못 미쳐 이우홍비뇨기과 건너
도서출판 경남으로 가는 길
검버섯 옮게 핀 친구의 선한 얼굴
환하게 웃는 모습 반갑게 맞아준다

용두산공원에서

봄 지나 여름이 가고 있다
공원 그늘 아래
검버섯 엷게 피어가는 바둑판 앞에
생과 사
알 수 없는 바둑돌처럼
옹기종기 모여 앉아
살아서 안주할 이승의 길 찾느니
이순 지나 고희 지나
문득 뒤돌아보고 싶어질 때
들어낸 바둑돌이
자신들의 운명이 듯
한 생애를 마감하는 바둑판을
보고 있다

부산에서 입실까지

아침에 만났던 꽃 키가 한 뼘은 더 커 있다
나를 바라보는 눈빛이 서늘하다
우리들의 술잔에 하루가 비스듬히 가라앉고
맨살의 햇살 꽃으로 스며들 때
나는 입실로 가는 열차에 몸을 실었다
배웅하는 그의 눈빛을 가르며 열차는 떠나고
이별이 서러워 기억이 끊기는지
역마다 길을 묻는 동해남부선 완행열차
달빛이 투망질하는 파도 부서지는 해안
해운대, 기장, 일광 지나 울산을 뒤로하고
열차는 연어 떼 모천으로 회귀하듯
불국정토 초입 입실역에 닿았다
해운대에 떴던 달이 여윈 모습으로 따라왔다

해운대 갈매기

해운대 갈매기는 모두가 실직자다
만 평의 바다를 팽개쳐 놓고
파도를 무너뜨리며 구인광고를 읽는다
우르륵 쏟아 부은 활자들의 백사장
옹기종기 모여 젖은 그림자를 말릴 때
항적도 없이 삼각파도는 불시에 달려든다
오선지를 타던 갈매기는 난파선이 되고
익사하고 실종되는 생사의 갈림길에서
만 평의 바다를 팽개쳐 놓고
백사장 구인광고 활자들을 뒤적거리는
해운대 갈매기는 모두가 노숙자다

학

동천에 날아드는 학을 바라보고 있다
어느 깊이에서 뽑아 올린 그리움일까
날개의 속도를 풀어 허공에 건다
깊어가는 강물을 긴 발목으로 짚는 학
하얀 그늘을 풀며 샛강은 흐르고
세월의 채찍인 양
흔들리는 버들 숲
은장도처럼 빛나는 학의 긴 목
잃어버린 내 어머니의 은비녀여

당신의 가지런한 흰 생애를 보고 있습니다

억새꽃

그대 눈물 차마 가지고 갈 수 없어 풀어놓은
억새꽃은 저렇게 희다
지상에서의 마지막 눠우침으로 길게 엎드려
신불산 깊은 상처 아득히 덮고 있는 억새밭
하느님의 깨끗한 시간 속으로 가는 은빛 길
눈이 부시어 나도 모르게 성호를 그으며 간다
이승의 손 슬며시 놓고 떠나는 뒷모습을 보라
떠나려다 주저앉은 봉우리마다 노을이 내리고
빛을 향해 누운 마음이 물결로 달려가는
그대 눈물 차마 가지고 갈 수 없어 풀어놓은
억새꽃은 저렇게 희다

비홍산방에서

오는 길
꽃물 든 길
비홍산방으로
흘러들고

가슴 죄며
옷고름 풀어주는
알몸의 꽃

정갈한 편지
봉인을 찢고
한 생을 읽는다

뜨거운 가슴에
꽃물은 번지고

세속을 벗어난
물소리에 씻긴
가는 길은
흔적도 없어

겨울 동천東川

닳아빠진 팽이채보다 짧은 겨울 해
하얀 갈대밭에서 등고선처럼 흔들렸다
갈대의 반짝임 속에 몸을 숨긴 강물은
새들의 발자국을 신어도 날지 못하고
향내 다 풀린 풀잎들 마른기침 쏟을 뿐
산은 그리운 이의 깊은 상처 자국인 양 빛났다
아직도 더 가야할 길이 얼마인지도 모른 채
내 어두운 공복 속을 쿨럭였다

유배된 바다

중산리 농소화훼단지 그곳에 가면
해일로 밀려와 유배된 바다가 있다
꽃들이 파도자락을 끌어다 덮고 꿈꾸는 시간
새벽은 등 푸른 파도를 딛고 오고
이른 새벽 일터로 가는 사람은 바다냄새가 났다

해뜨기 전에 돌아가야 할 길이 멀다고 보채는 바다
꽃이란 꽃은 피어 요염한 몸짓으로 꼬드겨도
바다는 핏발선 목소리로 울부짖으며
푸른 갈기를 세워 달아나려 하고
농부들은 어둑새벽부터 달려와 파도를 못질한다

타향도 잘 다스리면 고향 되는지
밤새 어둠을 끓인 바다 위로 해 돋을 때
은빛 물결로 해살치는 농소화훼단지
우리들이 꾸는 꿈속으로
물소리 철벅이며 꽃 피는 소리 철철 흐르고
유영하는 구름 꽃물 든 발자국이 선명하다

꽃향기에 파도는 한껏 부풀어 오르고
금세 터질 것 같은 팽팽한 파도
출렁이는 바다는 부질없는 욕망을 덜어내며
아직도 다 버리지 못한 고향생각을 무너뜨린다
나, 오늘 까닭 모르게 유배된 바다이고 싶다

도심 속의 바다

은비늘 속 겹겹이 재워놓은 파도
하이야니 흰 접시에 물결로 피어나는
울산시 남구 삼산동 이가정은 도심 속의 바다
물고기들의 사투리가 은빛으로 빛난다
바다는 빈 술잔 속으로 비스듬히 가라앉고
청정한 심해의 맥박으로 출렁이는
푸른 파도를 뭇질하며 풀어주며
사람들은 술을 마시고 바다는 취한다
푸들거리는 물고기의 육성으로 정담을 나누려
사람들은 사시사철 사방팔방에서 달려와
물고기들의 휘파람소리 옷깃에 묻혀
어깨동무한 파도처럼 들고나는
나, 오늘도 푸른 물결로 머물다 간다

동백冬柏
–울기등대에서

그곳에 가면
동박새 날아와 등불을 켠다

시뻘겋게 부글부글 끓어오르는
늙어 눈에 밟히는
그리움의 행간마다
불의 피로 톡톡 마침표를 찍는다

기억의 끝이 빠알갛다

한 순간이 밝고 환하게
그리움의 끝이 빠알갛다

용바위골 팬션에서

경주시 외동에서 양남을 넘어가다보면
용바위골 팬션 돌 팻말을 따라 길 하나 헐떡이며
산자락 굽이굽이 기어오른다
이승의 통화가 이탈되는 지역에서 머리를 내미는 용바위골

나를 따라오던 그림자 나뭇가지에 걸려 흔들리고
내가 이고 가던 하늘 돌아선 용바위골에
한 생의 저문 그림자를 끌고 가
하늘 아래서 날아드는 외로움을 씹고 또 씹으며
홀로 속눈썹을 적신다

추녀 및 목어도 은은한 슬픔으로 목청 틔우던 그 밤
산새들은 내 외로움에 기대어
잠의 꿈속을 들락거리며 울었다

사랑 하나 뿌리까지 내린 죄 때문에
추워도 달아날 수 없었던 나무들에게
별들은 위로가 될 수 있을까, 별이 빛난다

이승의 교신도 뚝 끊기면서
물소리, 새소리, 바람소리
위성에서도 추적이 불가능해버린 용바위골

입구는 있어도 출구가 없는 용바위골
세상 밖으로 가는 길이 보이지 않아
홀로 속눈썹을 적신다

봄 편지

첫 외출인 듯 춤추는 흰나비 나래 짓
하얗게 덮이는 언덕
쑥 뜯는 여인의 눈빛은 풀빛이다

어느 하늘 아래서 수신했는지
푸른 문자 불쑥불쑥 돋아나는 땅
매화나무 등걸에도
핏빛 문자가 핑그르르 돌았다

미납으로 배달된 봄 편지
간절함의 향기가 핏속으로 번진다
시의 행간에 끼워 읽고 또 읽고
풀물이 들 때까지 읽는다

무사히 도착했다고
오늘도 무사하다고
동천을 쉬었다 간 철새들
어느 하늘 아래서 보낸 편지들

꽃등을 거는 시간

–메아리 쉼터에 남기는 글

우리가 아침이슬 맑게 열지 않으면
어떻게 이슬이 아침햇살 되겠는가
새싹이 두 주먹 불끈 쥐고 솟아오르고
멀리 나앉은 수평선에 해가 걸리면
희망과 사랑이 깊게 스민 오븐의 빵들이
기쁨과 슬픔을 익혀 부풀고 또 부풀어
새들은 날아와 즐겁게 노래 부르리
꽃등을 거는 시간 우리 모두 즐거워

소리를 찾아
– 메아리청각훈련센터

맑은 소리 길어 올리려
시선도 닿지 않는
우물 속으로
깊은 마중물을 내리는 이여

소리에 소리로 접붙여
긴 강물로 깨어나라고

입 속에 모은 침 적시어
허공에 걸어놓은
저 소리

아이들의 눈 속에
흔들리는
푸른 메아리

풀밭에

동천 풀밭에
강물소리 베고
소 한 마리 누워 있다

꼬리 치는 대로
풀잎이 흐느끼고
풀꽃이 흔들린다

풀꽃 눈빛으로
어깨를 쓰담는
가을 햇살

동천 풀밭에
선한 눈망울을 껌뻑이며
소 한 마리 누워 있다

석불石佛
– 칠불암에서

경주 남산에서 부처가 웃고 있다

돌 속에 제 몸을
새겨 넣고
꺼내 놓고

그것도 한 분이 아닌 일곱 부처가 웃고 있다

경주 남산에서 웃으면 누구나 부처가 되는

연지암에

연지암 석조여래 입상은
무슨 말을 그리 담아
귀가 크다 못해 길다
말(言)에도 무게가 있는가
귀는 어깨에 걸쳐 있다
속 깊은 스님은
부처님 귓속에 잠긴 말을
목탁소리로 털어내며
늙어가고

대밭 푸른 길

이제, 십리 대밭 가는 길 마음으로 읽습니다

가지산에서 흘러온 긴 울음의 심지
태화강변에 사랑의 이름으로 뿌리 내려

그대 마음에 드는 길도
십리 대밭으로 푸르고

강 건너 마을의 창마다 켜진 따뜻한 등불
호명하지 않아도 하나 둘 저녁 강을 건너 와
대숲 이는 바람 속에서 한바탕 꿈을 꿀 때
대숲은 달빛을 간지럽게 풀어 놓습니다

그대 마음에 드는 길도
십리 대밭으로 푸르고

이제, 십리 대밭 가는 길 마음속에 있습니다

제5부

불의 춤

오늘은
지구에서 달까지 가장 가까운 날
눈밝이술 아니면 귀밝이술이라도 한 모금 마셨을까
정월 대보름달이 볼콰히 동대산에 떠올랐다

동천 고수부지에 민초들이 모여
믿는 것이 가장 아름다운 일이라며
정겨운 풍물놀이를 깔아놓고
한 해의 재앙과 액운을 달집에 얹어 불사른다

민초야, 우리는 우리끼리
불나비 되어 불의 춤을 추자
설령 믿음이 믿음으로 깨어져 발등을 찍을지라도
저승의 하늘까지 밝혀야 하리

약속받고 보장받은 일 하나 없지만
나 또한 저 불꽃 속으로 뛰어들어
뼈 속에서 울리는 징소리 밟고
달집 태우는 불의 춤을 추리라

불의 춤은 신성하고 아름다운 것
우리 한 몸으로 어우르는 것도
우리 함께 가는 길 밝은 새길
불의 춤, 불의 춤, 불의 춤 추리

별바다
–울산공단 야경

동해남부선 차창 너머
해 지는 울산공단

사랑도, 삶도 축복이라며
눈부신 별들이 뜬다

저 찬란한 별바다
별들의 밤 소동

날 저문 공단 하늘
세례의 불빛이어

신불산 사자평

화엄의 세계 안인듯 밖인듯
신불산 사자평에 구름 신도들 모여들어
지상과 천상을 함께 깨우쳐 떠난 흔적
깨우침이란 저런 건지 발자국도 눈부시다
신불산 수만 평의 사자평은 바로 경전이다
먼저 깨우치고 간 구름 한가로이 떠돌고
오늘밤 경전 읽는 별들 하늘 가득 빛나리

여수가 그리워지는 날은

한 줄의 시詩로서는 가 닿을 수 없는 곳
여수가 그리워지는 날은 파도소리 편두통을 앓는다
지금 내 귀를 남쪽 바다에 묻고 있다
내 슬픔과 기쁨을 엎드려 읽던 파도자락
깃발을 달고, 돛폭이 팽팽하도록 바람을 실어
저마다 이름 없는 섬이 되어
떠나는 뱃머리 남도가락 젖을 때
아릿한 속살을 드러내며 해일로 밀려오는 노을
언제나 출렁이는 내 푸른 날의 창문이었다
어둠을 쓰러뜨리는 음악의 강물로 흐르고
길이란 길 뿌리로 얽힌 골목마다
푸른 바다로 밀려와 푸들거리는 사람 냄새
그곳에서 오고 있는 그리움의 발자국 소리 또렷하고
떠돌던 내 젊은 날의 더운 물결이
밤마다 꿈길을 밟고 와 출렁이는
한 줄이 시詩로는 가 닿을 수 없는 곳
여수가 그리워지는 날은 파도소리에 편두통을 앓는다

세포 위로 뜨는 바다

우묵한 복주머니 득량만
질펀한 개펄에 꽂히는
햇살이 눈부시다
멀리 달아났던 수평선
알몸으로 달려오고
내 아득한 추억은
홍조를 띄우며 떠오른다
졸다 깬 목선 몇 척 흔들리며
남도가락이 흘러나올 때
올망졸망한 섬들은
덩실덩실 춤을 추고

소호바다

소호 바닷가
굴강 선소마을
물 난 갯벌
좌우로 학진
펼치는 게들
왜군을 섬멸한
눈부신 함대
섬들이 몰려와
덩실덩실 춤추는
소호바다

찔레꽃 · 1

누이가 앉았던 자리
보리밭 둑길
풀빛 속에 찔레꽃 하얗다

겉보리 서 말에 팔려간 누이
눈물이 마르기도 전 밀보리 익어가고

보리밭 둑길 돌아 시집가던 길
찔레꽃 향기 맑아
누이가 오려나 보다

돌산 나루 건너
우리 누이가 오려나 보다

하동 칠십리에 매화꽃은

구례에서 하동포구에 이르는 물길 칠십 리
꽁꽁 묶어두었던 강물 맨발로 숨 죽여 흐르더니
그리운 그대 목소리 햇살로 풀리면서
매화꽃 향기 다시 소리 내어 흐른다

누구인가 등 뒤에서 나를 푸르게 부르는 소리
산골마을 아득한 꽃구름으로 떠가고
햇살도 물이 올라 해종일 강물로 출렁이며
모래톱을 썰며 연초록 푸른 빛 적신다

재첩국 담은 뚝배기에 더운 김 펄펄 오르고
새들은 움 돋는 꽃잎을 물고 이리저리 노닐 때
원근도 없이 반짝이는 먼 산봉우리의 눈부신 잔설
어떤 언약으로도 돌려 세울 수 없는 계절

그대 마음 안 그리운 곳으로 흘러가는
구례에서 하동포구에 이르는 물길 칠십 리
매화꽃 향기 하늘을 휘감아 오르더니
오늘은 하늘이 자꾸자꾸 내려와 강물에 젖는다

동백꽃 필 때면

꽃 피고 지는 슬픔에
눈빛 흐려지는 그런 날엔
살 속까지 뼈 속까지
붉게 물든 여수 앞바다
그리움 출렁이는 바다에
떠있는 오동도
밤하늘의 별처럼 동백꽃
그윽히 피어나
내 꿈속으로 날아드는
남해바다
등 푸른 휘파람 소리

겨울 만성리

바다가 뼛속까지 몸을 푸는 해안선을 따라
파도 갈피갈피 구인광고 열람하듯 갈매기 날고
산 그림자에 걸려 해안가로 마을이 기운다
두루마리화장지 풀리듯 파도는 밀려오고
하늘은 한꺼번에 저물고 바다는 먹물 빛이다
이정표도 없이 숨차게 달려온 먼 바다
용서받을 수 없는 것을 용서받기 위하여
내가 끌고 온 길은 아득히 파도에 젖는다
겨울 만성리에 내리는 눈은 바다로 투신하지만
그리움엔 마침표가 없다며 울먹이는
겨울 만성리

장군도에서

화포에 장약을 꾹꾹 눌러 장전하고
떴다 가라앉았다 조바심친다

진군의 북소리만 기다리던 수병들
파도는 필승의 신념으로 너울거린다

씻어도 씻어도 지워지지 않는
우국충정 푸른 마음 갈기를 세워

빠른 물살은 진군을 재촉하고
장군도는 어뢰처럼 가물가물 떠 있다

장군도와 내가 한조의 어뢰가 될 때
붉은 해는 바다 속으로 녹아 내렸다

또 그리움

—우둘목에서

그리움

몽돌 부대끼는 소리
아픈 흔적
휘어지는 먼 수평선
푸른 물결 빗으며
달려오는

또 그리움

먼 그리움에게
– 청백리 조정현님께

마른 풀잎 툭툭 털어내며
철새들 울며 날아가는 저녁
손짓하지 않아도 따라 붙는 것은
알 수 없는 병과 늙음 뿐이리
이 세상 가장 슬픈 것은 살아남아
어두운 골목 서성이고,
젊은 날들 속절없이 떠나보냈어도
아직도 남겨둔 날들 있어
그리워하기엔 넉넉한 시간
임의 생각, 책상 위 모과 같아
그 깊은 향내 속
먼 그리움 읽고 또 읽습니다

– 저문 가을날

은적암 달빛

이 밤
서로의 꿈속에서 일어나
나와 당신은
옷을 벗는
강물이어라

풍경소리

은적암에 와서 풍경소릴 듣는다

고요 끝
은은한 풍경소리
저, 여인女人의 가슴은
극락으로라도 펼쳐지는지
합장하고 있는 흰 손끝이
붉은 동백꽃송이로
소리 없이 떨어진다

나도
붉은 꽃송이로 떨어진다

염원의 화살을 쏘아 올리며

– 한화그룹사보 『희망을 담는 창』 400호에 부쳐

이 아침 새들은 더 높고 먼 비상을 위하여 날개를 펴고
커다란 사랑과 희망과 신뢰의 푸른 하늘을 열어
막 솟아오른 선홍빛 태양을 감아올려 배달해 주는구나
풋풋하게 물빛 트여 까치소리 내리는 아침
다정한 안부로 만난 희망을 담는 창을 연다

넘쳐나는 인정과 웃음으로 환하게 꽃피우는 한화인이여
화합과 단결의 힘찬 수레바퀴를 굴려 세계 속에 우뚝 서거라
더 큰 희망을 위하여 저마다 땀 흘려 부지런히 일하고
긍지와 보람으로 아침마다 쏟아지는 환호와 박수갈채를 받으며
더 가까이 친근한 목소리로 우리 신명나게 얼싸 안아 보세

이름 아침 해 뜨는 곳, 우리의 일터
공장마다 일렁이며 타오르는 푸른 불꽃은 아름답다
푸른 불꽃은 뜨거운 소리 없는 외침이니라
진정한 행복의 추구와 분배가 푸른 불꽃으로 타올라
노사가 더불어 보람을 거두어 감동을 맛보는 일터

희망을 담는 창, 한화문화의 뜨거운 불씨여
온기가 묻어나는 활자와 행간마다 가득 삶의 향기 넘치고
더불어 함께 사는 진실한 삶의 넉넉함이 넘쳐 흘러
기쁨을 함께 나누며, 슬픔도 함께 나누어 받으며
그늘진 곳에 희망으로 눈부신 햇살을 퍼부어다오

적막해지고 쓸쓸해지는 날의 지상에서
희망을 담는 창을 읽으며 내 소외되었던 슬픔을 지운다
청정한 축복이 무한량 쏟아지는 눈부신 이 아침
신선한 햇살을 퍼 담는 한화인의 창이 되기를

바다 음악
–다시 세포에서

내 음악이란
저 무심한 파도 같은 거

파도가 자리 짚은
투명한 음계

부력으로 떠오르는
수천 개의 손가락
뭍으로 달려와 건반을 짚는

내 음악이란
저 무심한 파도 같은 거

푸른 그리움의 깃발

말하지 마라 말하지 않아도 다 안다
가로수 달려가고 새벽이 달려가
닿고자 하는 곳은 언제나 새아침이다

물레방아는 돌기 위해 홈통의 물을 비우고
늘 새로운 물을 채워야 한다
그렇게 한화인은 새로운 물길을 열고

무더기로 쏟아지는 햇살 펄럭이는 곳
소망의 햇덩이 밀어 올리는 지평에
한화, 한화인이여 새로운 발자국을 남기자

내 한생의 흔적이 머물었던 한화의 영토에
오늘도 푸른 그리움의 깃발은 펄럭인다
그리움의 그리움으로 되돌아보는 곳이여

그 사람에 대한 답신

－윤상운 시인에게

함께 있으면 내 귀가 웃는다.
푸른 방 빗장이 열려있는 그 사람
그네 가슴 언제나 드나들 수 있어
더러는 그립거나
까닭 모르게 슬퍼지는 날 달려가면
빈 잔에 고이는 빗소리도 함께 취하게 하고
저 축축한 하늘 한 자락 끌고와
이승의 유일한 길인 듯
시詩의 푸른 길을 깔아놓는
크게 뉘우칠 것이 없는 그 사람
꽃 핀 가지 흔들려오는 소리
중앙동에 비는 내려 풍경으로 걸렸어라

노 을

－강창구 화백의 노을을 보며

포구에 배 한 척
철철 넘치는 만선의 노을

십여 년 넘게 흘러 넘쳐도
벽면 가득
푸들거리는 발자국 찍어놓는다

그리움보다 더 선명하게
그리움과 그리움 사이
해일로 밀려오고

바다와 하늘 사이
지금도 노을을 뿌리고 있는 강 화백
삼백 예순 닷새 넉넉한 노을

춤추는 파도

땀 흘려 일하는 구리빛 튼튼함으로
노동은 보석보다 값진 것

저기 동해의 푸른 파도가
맨발로 달려와 춤을 춘다

넉넉하고 든든한 꿈이 영그는
대평로지스, 우리는 한 가족

큰 강물 만나려가는 푸른 물줄기
동해바다 춤추는 파도가 되리

– 대평로지스(주) 내남공장 신축을 축하하며

대나무의 길
–박무덕 님 고희에

청청한 대나무
곧고 푸른 대나무
제 몸 속에 길을 내어
한 생을 간다

사랑과 봉사를 실천하신
오직 외길인생
깊은 뜻 곧게 이어
대나무로 푸르리

구상具常을 위하여

무슨 말로 무슨 말로
저 슬픔 애도하리
차라리 차라리
그 영혼 가슴에 묻게 하소서
슬픔으로 남은
이승과 저승을 오가던 외로움
나의 하느님 받아주소서
지상의 온갖 슬픔
뼈 속까지 비워내고
그렇게 당신 가듯이
나의 하느님
나 또한 그렇게 가게 하소서

겨울 아침

탱자나무 울타리
멧새가 날라다 쌓은
햇살이 뜨겁다
새의 날개에 묻어 있는
소식이 눈부시다
가도 가도 닿을 수 없는
하늘 아득히 떠 있는
눈부신 길

낙 서

생명의 실타래를 죽자고 풀어놓는 매미울음
느티나무 우듬지 물비늘처럼 번뜩이는
푸른 눈썹의 입실초등학교 푸른 교실
누구인가 테이블 모서리에 써놓은 낙서
'순이야 널 사랑했어' 그 말 한마디
새들이 반쯤 읽다 얼굴 붉혀 날아가고
낙서는 들키고 싶었던 숨바꼭질인가
사랑이 끓어 넘치듯 이팝꽃 하얗게 피었다

소싸움

제 몸 속에 슬픔의 자국 푸르게 새겨 넣으며
제 의지를 인간에게 박탈당한 소가 싸운다

네 이마에 피가 흐르면 내 이마가 아프고
네 이마가 아프면 내 이마에서 피가 흐른다

징소리 뒤에서 나를 부르는 너는 누구냐
싸울 것인가 말 것인가가 피 터지게 싸운다

제 몸 속에 슬픔의 자국 푸르게 새겨 넣으며
제 의지를 인간에게 박탈당한 소가 싸운다

장 미

칭칭 감김 몸부림은 뻗어
사랑에 덴 흔적은 저리도 붉어

피의 목청까지 밝히는
수만 볼트의 전류가 흐른다

수백만 촉광의 그리움을 뿌리며
오, 그대 더욱 당당해지는지